EFFIZIENTE ARBEITSORGANISATION

Tipps für mehr Produktivität und weniger Prokrastination

Verfasst von Isabelle Aussant

Übersetzt von Leonie Kremer

Für die Arbeitswelt 50MINUTEN.de

EFFIZIENTE ARBEITSORGANISATION

- **Ziel:** Arbeit bestmöglich organisieren
- **Anwendung:** Eine gute Arbeitsorganisation ist der Schlüssel für Effizienz: Sie ermöglicht die Vermeidung von Unvorhergesehenem und spart somit kostbare Zeit.
- **Arbeitskontext:** Organisation im persönlichen sowie beruflichen Umfeld, interne Kommunikation, Delegieren
- **FAQ:**
  - Womit fange ich an?
  - Was erschwert eine gute Organisation?
  - Wie kann ich den Stress reduzieren, der mich vom Arbeiten abhält?
  - Welche Rolle spielt Delegieren bei der Arbeitsorganisation?
  - Organisation und Kommunikation: Untrennbar miteinander verbunden?
  - Wie kann ich meine Zeit optimal nutzen?
  - Wie gehe ich mit Prioritäten um?

Steigen Ihnen die Aufgaben über den Kopf, die Sie heute bei der Arbeit zu erledigen haben? Wissen Sie nicht, wo Sie anfangen sollen, obwohl der Stress Sie schon zu überwältigen droht? Dann ist es dringend an der Zeit , dass Sie lernen, wie Sie Ihre Arbeit organisieren, um die Kontrolle zu behalten.

Durch gute Organisation fühlen Sie sich bei der Arbeit besser, wodurch Sie weniger gestresst sind und Sie Ihre Aufgaben effizienter erledigen können. In einer Berufswelt, wo immer mehr von Ihnen abverlangt wird, Deadlines kürzer werden und Sie vor einem nie endenden Arbeitspensum stehen, kommt clevere Arbeitsorganisation schon fast einer Überlebensstrategie gleich.

Gute Organisation erlangt man durch die richtigen Werkzeuge, aber auch durch Kenntnis seiner Ansprüche, seiner Bedürfnisse und seiner Grenzen. In diesem Buch finden Sie den Schlüssel für eine optimale Organisation, die ganz auf Ihre Persönlichkeit zugeschnitten ist.

Ziel ist es dabei, eine „nachhaltige" Organisation zu entwickeln, die zu Ihrer Persönlichkeit passt, da Sie sich umfassend mit Ihrem Charakter und den Werkzeugen, die Sie benutzen werden, sowie Ihrem Arbeitsumfeld (Kollegen und Unternehmensphilosophie) auseinandersetzen werden. So müssen Sie nichts erzwingen, was nicht zu Ihnen passt, stattdessen wird Ihr Berufsumfeld Sie ganz natürlich als effizient wahrnehmen!

EFFIZIENTE ARBEITSORGANISATION: DIE GRUNDLAGEN

Der organisatorische Rahmen Ihres Unternehmens hängt wahrscheinlich nicht von Ihnen ab, aber trotzdem müssen Sie damit zurechtkommen. Er stellt daher einen wichtigen Aspekt bei der Gestaltung Ihrer persönlichen Arbeit dar. Dieser Rahmen dient dem Unternehmen, da es damit Kosten und Arbeitsabläufe optimieren kann, allerdings dient er auch gleichzeitig den Mitarbeitern, die alle miteinbezogen werden.

Organisation ist deshalb ein wichtiger Aspekt der Kommunikation innerhalb des Unternehmens, denn die so gesetzten Vorgaben vereinheitlichen das Arbeiten der verschiedenen Abteilungen und Mitarbeiter. Diese Vorgaben müssen präzise und verständlich, sprich einfach, logisch und leicht zu vermitteln sein, um umgesetzt zu werden. Sie sollten außerdem als gutes Beispiel wahrgenommen werden und so den Ausgangspunkt für die Organisation der einzelnen Mitarbeiter darstellen.

Pierre-Marie Gadonneix, Verwaltungs- und Finanzdirektor bei ITV Studios France, erlebte dort innerhalb weniger Jahre einen immensen Anstieg der Mitarbeiterzahl und erklärt:

> Unser Ziel ist die Produktion von Fernsehserien. Organisation stellt deshalb einen enorm wichtigen Aspekt dar, da sie das beste Mittel für Optimierung ist. Kostenoptimierung erfordert eine effiziente Organisation, die bestmöglich auf die Funktion der Mitarbeiter eingeht. Dabei muss darauf geachtet werden, dass der Druck, der auf diese Funktion ausgeübt wird, nicht das Arbeitsklima beeinträchtigt. [...]
> Innerhalb eines Unternehmens kann es nicht unterschiedliche Vorgehensweisen geben. Es ist wichtig, gemeine Prozesse zu etablieren, die jeder Mitarbeiter von seinem ersten Arbeitstag an befolgt. Wäre dies nicht der Fall, würden nicht nur konkrete, praktische Probleme bei Projekten entstehen, sondern auch Spannungen unter den Angestellten ausgelöst werden.[1]

---

1. Übersetzt für 50Minuten.de

Werte

Unsere Werte machen fundamental aus, wer wir sind; sie sind in uns verankert. Sie geben unserem Sein und unserem Handeln einen Sinn und verleihen uns die Stärke, die wir brauchen. Um dies voll auszunutzen, muss man sich deshalb zunächst selbst gut kennen. Natürlich erledigen wir Aufgaben effektiver, wenn diese unseren Werten entsprechen. Im entgegengesetzten Fall bedeutet jede Aufgabe enorme Anstrengung und wir schieben sie dann oftmals auf (Prokrastination), in der Hoffnung später die nötige Motivation zu finden.

Abhängig von der physischen bzw. psychischen Situation, in der man sich befindet, sind für einen unterschiedliche Werte von Bedeutung. Das heißt, dass wir uns ständig mit unseren Werten auseinandersetzen und sie aus diesem Grund regelmäßig selbst hinterfragen sollten.

Sich über die Werte klar zu werden, die einen ausmachen, ermöglicht es einem, seine Aufgaben zu priorisieren und damit einfacher zu organisieren. Achten Sie auf Ihre Bedürfnisse, denn so führen Sie die Aufgaben, die Sie zu erledigen haben, schneller und effektiver aus. Vergessen Sie jedoch nicht, auch die weniger angenehmen Aufgaben zu erledigen, wenn Sie noch die Energie dazu haben.

- Was sind Ihre Werte? Beispiele sind Familie, Freunde, Arbeit, gesellschaftliches Engagement, Sport, Respekt, Ehrlichkeit, Status, Austausch. Schreiben Sie alles auf, was Ihnen wichtig ist.
- Ordnen Sie Ihre Werte nach Wichtigkeit: Versuchen Sie herauszufinden, welche Werte Ihr Handeln am meisten beeinflussen.
- Inwieweit finden Sie Ihre Werte bei der Arbeit wieder? Was könnten Sie anders machen, um für eine größere Übereinstimmung zu sorgen?

Persönliche Grenzen

Sich zu kennen, bedeutet auch, sich seiner Grenzen bewusst zu sein. Diese müssen auch mit in Betracht gezogen werden, wenn es ums Organisieren geht. Wir alle haben „positive" Grenzen, die unserem Wohl dienen und dank derer wir auf unsere Bedürfnisse Rücksicht nehmen. Es gibt aber auch „negative" Grenzen, die uns vom Handeln abhalten. Das heißt, unsere Grenzen beschützen uns entweder, oder halten uns zurück. Es ist deshalb wichtig, sie zu identifizieren und bei der Organisation nutzbringend einzusetzen. Stellen Sie sich dazu diese Fragen:

- Welche Grenzen sind „positiv"? Welche Grenzen beschützen mich, bewahren meine Energie, lassen mich ich selbst sein und mich weiterentwickeln?
  - Beispiel: Ich akzeptiere physischen Kontakt, wie eine Hand auf der Schulter, nur von meinen sehr nahestehenden Freunden.
- Im Gegensatz dazu: Welche meiner Grenzen sind „negativ", blockieren mich und halten mich vom Handeln ab?
  - Beispiel: In Gruppengesprächen bleibe ich meistens ruhig und lasse die anderen diskutieren.
- Welche Grenzen sollen andere bei mir einhalten? Formuliere ich sie klar?
- Wie verhalte ich mich, wenn eine Person meine Grenzen überschreitet? Reagiere ich so, dass sie mich versteht?

Wenn Sie auf sich selbst hören, werden Sie organisierter arbeiten. Daher sollten Sie Ihre Grenzen Ihrem professionellen Umfeld ebenfalls kommunizieren. Dazu muss man in der Lage sein, Nein zu sagen. Der französische Sozialpsychologe und Schriftsteller Jacques Salomé (geboren 1935) erklärt, dass jemandem Nein zu sagen, bedeutet, sich selbst Ja zu sagen. Nein sagen zu können ist eine der Kernkompetenzen bei der persönlichen Organisation und trägt zu Persönlichkeitsentwicklung bei. Wenn Sie Anfragen ablehnen, vermeiden Sie, von anderen kontrolliert zu werden, und sind mit sich im Einklang. Dadurch können Sie auch besser zwischen eigenen Notfällen und denen anderer unterscheiden. Nein zu sagen ist um einiges leichter, wenn Sie die Bedürfnisse kennen, zu denen Sie Ja sagen!

Gut zu wissen

Für andere da zu sein ist offensichtlich eine gute Eigenschaft, aber nur, wenn sie Sie nicht davon abhält, wofür Sie das Unternehmen eingestellt hat. Außerdem hat Ihr Ja mehr Bedeutung und wird mehr gewürdigt, wenn Sie manche Anfragen auch mit einem taktvollen und entschiedenen Nein beantworten. Das bedeutet nicht zwangsläufig eine Meinungsverschiedenheit oder einen Konflikt, sondern zeigt unterschiedliche Perspektiven und die Möglichkeit für einen wahren Austausch auf.

Bewährte Verfahren und Ursachen von Ineffizienz

Jeder Mensch hat seine eigene Zeitwahrnehmung. Deshalb ist wichtig, sich über seine eigene Wahrnehmung und die Art, wie man sie handhabt, bewusst zu werden. Wenn Sie Ihre Stärken und Schwächen aufschreiben, erlangen Sie einen Überblick einerseits über die Kenntnisse, die Sie bereits besitzen, und andererseits über die Ursachen von Ineffizienz in ihrer Arbeitsweise.

So können Sie Ihre Stärken herausarbeiten, beispielsweise, dass Sie bei Meetings immer pünktlich sind, aber auch Ihre Schwächen, zum Beispiel dass Sie immer alles in letzter Minute erledigen, was Ihnen das Gefühl gibt, nachlässig zu arbeiten.

- Fragen Sie sich bei jeder Schwäche, woher sie kommt. Bei dem genannten Beispiel liegt die Ursache des Problems vielleicht darin, dass Sie vergessen, sich frühzeitig um bestimmte Aufgaben zu kümmern: Sie verlassen sich auf Ihr Gedächtnis, obwohl Sie eigentlich eine zusätzliche Erinnerungshilfe brauchen. Nun können Sie nach einer präzisen Lösung für Ihr Problem suchen: Benutzen Sie ein Hilfsmittel, dass Sie rechtzeitig an Veranstaltungen erinnert oder daran, mit bestimmten Aufgaben zu beginnen. Jetzt fehlt Ihnen nur noch das für Sie beste Hilfsmittel, das gleichzeitig praktisch und leicht zugänglich ist. Dabei kann es sich beispielsweise um Haftnotizen, ein Heft, ein Notizbuch, einen elektronischen Terminkalender etc. handeln.
- Schauen Sie sich Ihre bewährten Verfahren an und versuchen Sie sie auf Ihre Ursachen für Ineffizienz zu übertragen- ganz im Sinne dieses Mantras aus dem Zen-Buddhismus: „Suche, was dir fehlt, in dem, was du bereits hast."

Biorhythmus

Heutzutage ist es wissenschaftlich erwiesen, dass wir innere Rhythmen haben, die es sich lohnt zu kennen und zu beachten. Im Laufe eines Tags variieren sowohl Körpertemperatur als auch Muskelkraft und Gehirnaktivität. Diese Unterschiede zeigen sich in all unseren Körperfunktionen.

Obwohl bekannt ist, dass die Leistungsfähigkeit zwischen 10 und 11 Uhr, sowie zwischen 15:30 und 16:30 Uhr am höchsten ist, sollten Sie sich die Zeit nehmen, herauszufinden, wann genau Ihre effizientesten Stunden sind, das heißt Ihre geistige Aktivität am höchsten ist. Auch die Stunden, in denen Ihre körperlichen Bedürfnisse (Hunger, Müdigkeit etc.) am stärksten sind, sollten beachtet werden, da diese Ihre Leistung verringern. Beobachten Sie Ihren Körper über einen Tag, um Aufschluss über Ihre produktivsten und weniger produktiven Tageszeiten zu erhalten.

Um Ihren Biorhythmus zu Ihrem Vorteil zu nutzen, sollten Sie diese Zyklen bei der Arbeitsorganisation beachten. Aufgaben, die viel Konzentration verlangen, werden für die

Stunden eingeplant, in denen Sie sich am besten konzentrieren können, wodurch Sie effektiver arbeiten.

Ablenkungen im Arbeitsumfeld

Externe Hindernisse und Ablenkungen beeinflussen die berufliche Leistung. Dazu gehören wenig überraschend Faktoren, die unsere Sinne stören: Lärm, Temperatur, ungünstige Ergonomie des Arbeitsplatzes etc. Stellen Sie sicher, dass Ihr Umfeld Ihre Konzentration nicht beeinträchtigt. Lüften Sie Ihr Büro mindestens einmal am Tag und schließen Sie auch mal die Tür oder setzen Kopfhörer auf, um sich, wenn nötig, Ruhe zu verschaffen.

GUT ZU WISSEN

Gestalten Sie sich Ihren Arbeitsplatz so, dass Sie sich wohlfühlen, denn dort verbringen Sie unter der Woche die meiste Zeit. Machen Sie es sich schön, indem Sie beispielsweise eine kleine Pflanze oder ein persönliches Objekt auf den Schreibtisch stellen.

Professionelle Interaktionen

Da andere Menschen uns konstant beanspruchen (Telefon, E-Mail etc.), ist es relativ selten, dass man bei seiner Arbeit ungestört bleibt. Wir müssen ständig für andere verfügbar sein und so ist es schwierig, eine Aufgabe von Anfang bis Ende ohne Unterbrechungen durchzuführen.

Beispielsweise ist die Verlockung groß, bei Erhalt einer E-Mail, diese sofort zu lesen und direkt zu beantworten. Trotzdem ist es ratsamer, sich Zeit für die Beantwortung jeder Nachricht zu nehmen, anstatt sich nur kurz mit ihr zu befassen und eine unvollständige oder unnütze Antwort zu liefern, wie: „Ich werde das überprüfen und mich dann an Sie wenden." Zweifelsfrei wird die andere Person froh darüber sein, dass ihre Anfrage so schnell bearbeitet wurde, dafür hat sie aber immer noch keine Antwort und hat, um Ihre Nachricht zu lesen, wahrscheinlich eine Aufgabe unterbrochen, genau wie Sie es für das Beantworten getan haben.

Beginnen Sie damit, Regeln für die Nutzung der Kommunikationsmittel aufzustellen. Legen Sie beispielsweise fest, Ihre E-Mails höchstens fünfmal am Tag einzusehen, in mehr oder weniger regelmäßigen Intervallen: morgens, wenn Sie anfangen, vormittags, nach der Mittagspause, nachmittags und 30 Minuten vor Feierabend.

Diese Tipps beiziehen sich auch auf die Smartphone-Nutzung: Eins zu besitzen bedeutet nicht automatisch permanent erreichbar zu sein. Wozu gibt es schließlich eine Mailbox? Sie können Ihre Nachrichten anhören und Leute zurückrufen, nachdem Sie die Aufgabe abgeschlossen haben, auf die Sie sich für eine bestimmte Zeit konzentriert haben. Auch hier wird Ihre Antwort qualitativ wertvoller sein, wenn Sie im Geiste nicht noch mit etwas anderem beschäftigt sind.

Stress

Nicht alle Hindernisse haben ihre Ursache in externen Faktoren; manche, die vielleicht hinderlichsten, sind in uns selbst verwurzelt. Am weitverbreitetsten und schädlichsten ist ohne Zweifel Stress.

Bei Stress handelt es sich um eine Dramatisierung der Zukunft, die sich auf unsere mentale Verfassung auswirkt. Verhalten, Emotionen und Laune können zwischen Rationalität und Irrationalität schwanken, wodurch konfuse Entscheidungen getroffen werden oder man gar komplett erstarrt und handlungsunfähig wird.

Stress ist jedoch nicht unausweichlich: Sie können ihn umgehen. Der Schlüssel dafür ist, herauszufinden was und was nicht in Ihrer Verantwortung liegt. Stellen Sie sich drei Bereiche um Sie herum vor, in die Sie die Aufgaben einordnen, die Sie zu tun haben:

- **Bereich, auf den sich Ihr Handeln direkt auswirkt**: Es handelt sich um den Bereich, der Ihnen am nächsten ist und auf den Ihre Entscheidungen und Ihre Handlungen einen direkten Einfluss haben.
- **Bereich, den Sie indirekt beeinflussen können**: Er ist etwas weiter von Ihnen entfernt. Sie können in diesen Bereich zwar noch eingreifen,

aber Sie können die Dinge darin nur indirekt beeinflussen.

- **Bereich außerhalb Ihrer Beeinflussung**: Dieser Bereich ist so weit von Ihnen entfernt, dass Sie keine Kontrolle mehr über ihn haben, egal was sie unternehmen.

Jeder dieser Bereiche kann Stress verursachen, sogar der am weitesten entfernte Bereich, obwohl er außerhalb Ihrer Reichweite liegt und Sie nichts tun können, um die Situation zu ändern. Deshalb ist es besser, sich nicht länger darüber den Kopf zu zerbrechen und sich auf die anderen beiden Bereiche zu konzentrieren, auf die Sie Einfluss haben. Wenn Sie so gut wie möglich in diesen zwei Bereichen agieren, werden Sie Ihre Emotionen besser kanalisieren können und in Folge dessen weniger gestresst sein.

Ein Beispiel: Stellen Sie sich vor, Sie wollen ins Land X fliegen, um dort mehrere wichtige Kunden zu treffen. Ihr Flug hat nun zwei Stunden Verspätung, wodurch Sie in jedem Fall zu spät kommen werden und Ihren geplanten Tagesablauf nicht einhalten können. Bevor Sie sich dadurch stressen lassen, sollten Sie sich bewusstmachen, dass die Verspätung nicht in

Ihrer Kontrolle liegt: Sie können nichts tun, damit das Flugzeug schneller ankommt (Bereich außerhalb Ihrer Beeinflussung). Im Gegensatz dazu ist es an Ihnen, die Wartezeit sinnvoll zu nutzen (Bereich, auf den Sie eine direkte Auswirkung haben). Konzentrieren Sie sich lieber darauf und setzen Sie sich nicht unnötig wegen einer Verspätung unter Druck, für die Sie nichts können.

Einen kühlen Kopf bewahren

- Betrachten Sie die Dinge objektiv, so wie sie sind: Unterscheiden Sie zwischen Fakten und Ihren subjektiven Gefühlen bezüglich dieser Fakten.
- Leben Sie in der Gegenwart: Dadurch werden Sie nicht an mögliche negative Folgen in der Zukunft denken. Sagen Sie nicht „Wenn ich das mache, könnte dies und das passieren", sondern vielmehr „Heute handle ich mit diesem Ziel und erwarte diese Resultate" und behalten Sie im Hinterkopf, dass kein Mensch alles vorhersehen kann.

Prokrastination

Prokrastination beschreibt das Verschieben von Dingen auf einen anderen Tag, die eigentlich früher erledigt werden sollten. Diese Kunst des Aufschiebens tritt häufig dann auf, wenn man zu viele Dinge gleichzeitig zu erledigen hat oder wenn man etwas tun muss, das nicht den eigenen Werten entspricht. Man denkt dann dauerhaft daran, was man eigentlich machen müsste, ohne die Energie dafür aufbringen zu können, es in die Tat umzusetzen.

Beginnen Sie damit, sich dieses Prinzip ins Gedächtnis zu rufen: Wenn Sie alle nötigen Informationen haben, ist es immer effektiver und schneller, direkt und nicht später zu handeln.

Wenn es einmal doch absolut nötig ist, etwas auf den nächsten Tag zu verschieben, sollten Sie die Prokrastination kreativ und effektiv zu nutzen, indem Sie die Konsequenzen jeder aufgeschobenen Aufgabe für Sie selbst und Ihre Kollegen antizipieren. Damit können Sie leichter Prioritäten setzen. Fragen Sie sich, welche Aufgabe die ernstesten Konsequenzen hat, wenn sie aufgeschoben wird. Beginnen Sie damit und lassen Sie alle anderen erst einmal beiseite.

<u>**ACHTUNG!**</u>

Vergessen Sie nicht, einmal in der Woche oder im Monat etwas Zeit einzuplanen, um all die kleinen aufgeschobenen Aufgaben zu erledigen – ohne Ausreden dieses Mal!

PRIORISIERUNG VON AUFGABEN

Nachdem Sie die internen Faktoren für die Optimierung Ihrer persönlichen Organisation entdeckt haben, sollten Sie nun Ihre Aufgaben priorisieren. Manche haben eine höhere Priorität und müssen daher vor anderen erledigt werden. Das klingt vielleicht selbstverständlich, aber die Umsetzung ist gar nicht so einfach, da man hierfür zwischen Wichtigkeit und Dringlichkeit unterscheiden muss und dabei Schnelligkeit nicht mit Effizienz gleichsetzen darf.

Am besten ist es, Schritt für Schritt vorzugehen, denn so kommen sie effektiv voran und bewegen sich vor allem in die richtige Richtung.

- Für jedes Projekt, in dem Sie involviert sind, beginnen Sie damit, Ihre persönlichen

Verantwortungsbereiche klar zu notieren. Zerlegen Sie fordernde und komplexe Aufgaben in kleinere, machbare Tätigkeiten.

ZUSATZINFORMATION

Stellen Sie sich bei jedem Projekt die drei folgenden Fragen:

- Was ist meine Rolle?
- Was unterliegt meiner Verantwortung?
- Welche spezifischen Tätigkeiten müssen ausgeführt werden?

- Erstellen Sie eine Liste, egal ob auf einem Blatt Papier oder in einer Tabelle auf Ihrem Computer, um sich bewusst über den Umfang der Arbeit für das jeweilige Projekt zu werden. Damit diese Liste zu einem Ergebnis führt, sollte jeder neue Punkt ein Verb beinhalten.
- Ordnen Sie nun die Aufgaben nach ihrem Dringlichkeits- und Wichtigkeitsgrad, indem Sie ihnen Nummern zuweisen. Dies ermöglicht Ihnen eine Chronologie in Ihre Arbeit zu bringen, zu sehen, was mit Ihren Werten übereinstimmt, aber auch die Erwartungen und

Bedürfnisse Ihrer Kollegen und Chefs zu berücksichtigen. Zum Beispiel: Nr. 1 –Lieferanten kontaktieren, Nr. 2 –Kundenwünsche identifizieren etc.

- Nun müssen Sie nur noch errechnen, wie viel Zeit Sie für das Projekt brauchen, indem Sie die benötigte Zeit für jede einzelne Aufgabe abschätzen. Es ist wichtig, Ihren Kalender auf dem neustens Stand zu halten und dabei einen Puffer für unerwartete Ereignisse einzuplanen. Das Ergebnis könnte ungefähr so aussehen: Montag und Dienstag – Lieferanten kontaktieren, Mittwoch – Kundenwünsche identifizieren etc. Überarbeiten Sie Ihren Plan so oft wie nötig.

Falls Sie Schwierigkeiten dabei haben, eine Reihenfolge festzulegen, weil Ihnen alles dringend vorkommt, gehen Sie noch einmal zum vorherigen Schritt zurück und überarbeiten Sie die Priorisierung. Fragen Sie sich, ob eine Aufgabe bis zum nächsten Tag oder zur nächsten Woche warten kann. Wenn nötig und Ihrer Meinung nach akzeptabel, bitten Sie Ihren Kunden oder Ihren Vorgesetzten ruhig so früh wie möglich um mehr Zeit.

Übernehmen Sie Verantwortung für sich selbst und setzen Sie alles daran, die für jeden Tag geplanten Aufgaben zu erledigen. Sie werden sofort Erfolgserlebnisse verbuchen können und sich nach vollendeter Arbeit gut fühlen. Falls Sie feststellen, dass sie in Verzug sind, überarbeiten Sie Ihren Plan und passen Sie ihn an die neuen Gegebenheiten an.

LERNEN SIE ZU DELEGIEREN!

Jetzt, wo Sie eine klare Vorstellung von der Arbeit haben, die Sie erwartet, merken Sie vielleicht, dass Sie mehr als Ihre eigenen Ressourcen benötigen, damit alles rechtzeitig fertig wird.

Durch das Delegieren kann man den Arbeitsumfang aufteilen und das Ergreifen von Initiativen fördern. Dies hilft dabei, wahre Teamarbeit zu entwickeln, die Produktivität zu steigern und jeden Mitarbeiter wertzuschätzen. Beim Delegieren definieren Sie Ihre Rolle, Sie positionieren sich in Beziehung zu anderen und ermuntern zum Ergreifen von Initiative. Es handelt sich also um ein unerlässliches Element in Ihrer eigenen Organisation und der Ihres Unternehmens.

Pierre-Marie Gadonneix sagt dazu:

> Ich bin bei jeder Mail im CC, aber ich schreite nicht ein, wenn ich nicht direkt darum gebeten werde. Ich delegiere, wodurch ich etwas Abstand nehmen und mich mit weniger funktionalen Aufgaben beschäftigen kann.[2]

Was kann ich delegieren?

Eisenhower-Matrix

---

2. Übersetzt für 50Minuten.de

Die Eisenhower-Matrix hilft bei der Beantwortung dieser Frage. Übernehmen Sie selber die Aufgaben, die Sie für dringend und wichtig erachten. Das, was Sie gut delegieren können, sind wichtige, aber weniger dringende Aufgaben oder welche, die nur dringend, aber nicht wichtig sind.

Behalten Sie im Hinterkopf, dass Delegieren auch Zeit in Bezug auf Planung und Kommunikation erfordert, weshalb schwierige oder repetitive Arbeit direkt delegiert werden sollte.

An wen sollte ich etwas delegieren?

Bei der Wahl der Person, an die ein Projekt delegiert wird, sollte ebenfalls Schritt für Schritt vorgegangen werden:

- Analysieren Sie die zu delegierende Aufgabe.
- Identifizieren Sie die Kompetenzen und Verantwortung, die für die Durchführung nötig sind.
- Wählen Sie eine kompetente und motivierte Person. Sie können auch einfach von ihrem Potential ausgehen und ihr weitere Hilfe zur Verfügung stellen.

Delegieren Sie nicht blindlings. Sie sollten eine objektive Wahl treffen und Ihre Kollegen und deren Fachkenntnisse ausreichend kennen, anstatt davon auszugehen, dass die Person die Aufgabe gerne übernimmt, sonst riskieren Sie, Zeit zu verlieren. Falls sich nämlich herausstellt, dass sie falsch lagen, werden Sie wahrscheinlich die Arbeit noch einmal überprüfen müssen.

Wie delegiere ich richtig?

Erfolgreiches Delegieren erfordert eine angepasste Kommunikation. Stützen Sie sich dafür auf diese drei Arten:

- Reporting: die Informationen fließen vom Mitarbeiter zum Auftraggeber
- Debriefing: Austausch zwischen den verschiedenen Beteiligten auf Augenhöhe
- Auswertung: die Informationen fließen vom Auftraggeber zum Mitarbeiter

Die folgenden Schritte können Sie beim effizienten Delegieren Ihres Projekts unterstützen:

- Definieren Sie ein klares und präzises Ziel, das kommuniziert und respektiert wird. Einigen Sie sich über die einzusetzenden Mittel und legen Sie die Verantwortlichkeiten eindeutig fest.
- Die delegierte Tätigkeit muss sowohl mit dem Ziel übereinstimmen als auch mit den Erwartungen des Mitarbeiters harmonieren, dessen Interessen zudem berücksichtigt werden. Es sollte sich eine Win-win-Situation ergeben. Sie delegieren eine Aufgabe, um ein Ziel zu erreichen, das Ihnen gesetzt wurde. Auch der Mitarbeiter muss davon profitieren. Er sollte merken, dass er die richtige Person ist, um die Aufgabe zu erledigen, sein Engagement und seine Kompetenzen zeigen können, aber auch beweisen, dass er sich selbst übertreffen kann. Achten Sie auf ablehnendes oder aber allzu enthusiastisches Verhalten und reagieren Sie darauf mit dem richtigen Maß an Verständnis und/oder Bestimmtheit.
- Verfolgen Sie den Projektverlauf, das heißt, kontrollieren Sie regelmäßig den Fortschritt, ohne zu mikromanagen. Kontrolle ermöglicht spontane Planänderungen, zu Erfolgen

zu gratulieren, eine zusätzliche Aufgabe hinzuzufügen, Ressourcen aufzustocken oder abzuziehen etc.

- Hören Sie auf damit, alles selber machen zu wollen. Sie haben Ihre eigene Vorgehensart und Ihr Mitarbeiter vielleicht eine etwas andere. Lassen Sie los! Das einzig Wichtige ist, dass Ihr Mitarbeiter das von Ihnen gesteckte Ziel und die dazu gehörigen Parameter verstanden hat.

- Achten Sie auf Ihre Kommunikation, egal ob gegenüber Ihrer Mitarbeiter, Ihrer Vorgesetzten oder bei der Durchführung der delegierten Aufgabe. Haben Sie die Grundlage für das Delegieren gut vorbereitet? Die zuvor etablierte Kommunikationsform wird während und nach der Arbeit hilfreich sein.

- Vergessen Sie nicht, nach Beendigung der Aufgabe eine Auswertung durchzuführen. Geben Sie dem Mitarbeiter Feedback zu seiner Arbeit, denn dies ist wichtig für seine Entwicklung und Bindung zum Unternehmen.

- Delegieren Sie niemals unter Zeitdruck: Sie riskieren sonst, einen Schritt zu überspringen oder das Ziel schlecht zu kommunizieren.
- Seien Sie nicht perfektionistisch: Lernen Sie loszulassen, wenn es um Methoden geht, die anders als Ihre eigenen, aber genauso effektiv sind. Zu viel Kontrolle führt zum Verlust des Verantwortungsgefühls und Demotivation.

TOP TIPPS

- Vermeiden Sie Unordnung, den Feind von Organisation: Sortieren Sie von Zeit zu Zeit aus, was Sie nicht mehr brauchen. Wenn Sie Ihren Schreibtisch aufräumen bevor sie abends nach Hause gehen, sind Sie am nächsten Morgen motivierter mit der Arbeit zu beginnen.
- Arrangieren Sie Ihren Arbeitsplatz ergonomisch. Legen Sie alles griffbereit zurecht, was Sie mehrmals am Tag brauchen, damit Sie es nicht ständig suchen müssen. Stellen Sie Ordner oder Hilfsmittel simpel und praktisch ab, sodass Sie alles schnell wiederfinden können. Zum Beispiel ist es unpraktisch, eine Akte, die in einer Folie steckt, in einem Ordner aufzubewahren, der wiederum in einem Schrank steht. Zu viele Handgriffe bedeuten Zeit-, Energie- und Konzentrationsverlust, wenn Sie ein Dokument verzweifelt suchen müssen.
- Kommunizieren Sie mündlich und schriftlich so, dass alles für Sie und Ihre Mitarbeiter nachvollziehbar ist: Ein Ordnername, der sich nach einer festgelegten Benennungsart richtet, spart jedem Zeit.

- Formulieren Sie Ihre Projekte klar aus und legen Sie konkrete Zwischenziele fest, damit Sie klarer sehen. Zerlegen Sie fordernde und komplexe Arbeiten so weit wie möglich in kleinere Elemente, die einfacher zu erledigen sind.
- Seien Sie sich darüber bewusst, für was sie verantwortlich sind. Wenn Sie Verantwortung für eine Aufgabe übernehmen und dabei gleich Ihre Grenzen definieren, werden Sie weniger dazu tendieren, die Arbeit von anderen zu übernehmen, was sonst unnötigen Stress verursachen würde.
- Halten Sie wiederkehrende monatliche oder jährliche Ereignisse bei Ihrer Arbeit in einem Kalender fest. So können Sie diese Aufgaben besser antizipieren und vorbereiten.
- Notieren Sie in Ihrem Kalender nur essentielle und berufliche Angelegenheiten. Es bringt nichts, Ihren Kalender mit Ihren privaten Geburtstagserinnerungen zu überladen: Durch ein solches visuelles Durcheinander büßen Sie Motivation und Energie ein.
- Schätzen Sie ab, wie viel Zeit Sie für Ihre Aufgaben benötigen. Wenn Sie mit einer Aufgabe anfangen, sollte Ihnen klar sein, wie viel Zeit Sie dafür investieren können und sich

auch daran halten. Falls Sie sich noch kein Bild davon machen können, schreiben Sie einfach auf, wann sie angefangen haben und wann sie fertig geworden sind. Dadurch haben Sie für das nächste Mal einen Anhaltspunkt.

- Nach diesem Prinzip sollten Sie sich auch Deadlines setzen. Dadurch erhalten Sie einen Plan für den Tag oder die Woche, der sich auch nach Ihren Prioritäten richtet.
- Bereiten Sie Ihre Meetings vor: Tagesordnung, Teilnehmerliste, Fragen, Planänderungen etc.
- Seien Sie sich bewusst, welche Ressourcen Sie benötigen, um effizient zu arbeiten. Wählen Sie passende Hilfsmittel und lernen Sie diese zu nutzen: Zeitverlust und Stress rühren oft daher, dass unpassende Werkzeuge verwendet werden oder solche, mit denen man sich nicht genug auskennt. Bitten Sie lieber erfahrene Kollegen um Rat, als sich tagelang mit der Funktionsweise eines Geräts herumzuärgern.
- Machen Sie Pausen! Es hört sich vielleicht paradox an, aber alle zwei Stunden eine fünfminütige Pause zu machen, lässt Sie Zeit gewinnen. Ihr Gehirn kann Ihnen nämlich nicht den ganzen Tag maximale Konzentration bieten. Geben Sie ihm Zeit, sich zu entspannen, und starten Sie wieder frisch und ausgeruht.

FAQ

Es ist wichtig, bei der Arbeit mit sich selbst zu beginnen, denn sich selbst und sein Handeln mit etwas Abstand zu beobachten, ist der beste Weg für gute Organisation. Werden Sie sich über die Werte bewusst, die Sie antreiben sowie die Grenzen, die Sie nicht überschreiten möchten.

Mit Ihren Werten und Grenzen wird Ihnen einerseits klar werden, welche Aufgaben Sie motivieren und bei denen Sie effektiver sein werden und andererseits welche Aufgaben Sie mehr fordern. Sie werden auch in der Lage sein ein „Nein" zu rechtfertigen, wenn sie eine Anfrage erhalten, die Ihre Grenzen überschreitet.

Um Hindernisse festzustellen, die von Ihrem Umfeld oder aber Ihnen selbst stammen, sollten Sie beginnen, zu beobachten, zuzuhören und die Dinge um Sie herum wahrzunehmen.

- Ist Ihr Stuhl richtig eingestellt?
- Sind Ihr Bildschirm und Ihre Tastatur richtig positioniert?
- Ist Ihr Telefon griffbereit? Ist der Hörer angepasst?
- Gibt es Lärm um Sie herum? Wenn ja, welche Möglichkeiten haben Sie, um sich bestmöglich zu isolieren?
- Ist die Zimmertemperatur ein häufiges Diskussionsthema? Wenn es oft kalt ist, haben Sie etwas zum Überziehen? Wenn es im Gegenteil oft zu warm ist, denken Sie daran, den Raum zu lüften?
- etc.

Wenn Sie nach und nach all diese Kleinigkeiten verbessern, werden Sie sich schnell wohler in Ihrem Arbeitsumfeld fühlen. Es ist ein erster Schritt Richtung Effizienz.

Analysieren Sie nun Ihre Interaktionen zu anderen (Mitarbeiter, Vorgesetzte, Kunden, Zulieferer etc.): Lenken sie Sie ab? Wenn ja, wie können Sie den Umgang mit ihnen optimieren, damit Ihre Konzentration so wenig wie möglich gestört wird? Ziehen Sie in Ihre Überlegung die Nutzung von Kommunikationsmitteln mit ein (Computer,

Telefon etc.), damit Sie diese beiden Bereiche ausbalancieren können.

Wenn es um eine innere Überwindung geht, kann man Ihrer Prokrastination entgegenwirken: Wenn Sie schon seit zwei Monaten einen bestimmten Bericht schreiben oder Material nach einem Event wegräumen sollen, ist es Zeit, endlich zur Tat zu schreiten und sich mit den kleinen Aufgaben zu beschäftigen, die Sie schon hundertmal aufgeschoben haben.

Lernen Sie Stresssymptome frühzeitig zu erkennen: Dazu gehören unruhiger Schlaf bzw. häufige Schlaflosigkeit, Rückenschmerzen, Zukunftsängste etc. Wenn Sie sich über diese Signale bewusst sind, können Sie etwas dagegen unternehmen, bevor sie Sie vollkommen überwältigen.

WIE KANN ICH DEN STRESS VERMINDERN, DER MICH VOM ARBEITEN ABHÄLT?

Sie haben herausgefunden, was sich innerhalb und außerhalb Ihres Einflussbereichs befindet, aber trotzdem werden Sie von Stress überwältigt, wenn sie den Berg an Arbeit und die immer näher rückende Deadline sehen. Damit Sie Stress bei der Arbeit vermeiden können, sollten Sie wissen, wodurch er ausgelöst wird:

- Ist er mit Ihrer Arbeit an sich verbunden? Arbeitsüberlastung, Komplexität der Aufgaben, Monotonie, Verantwortungsniveau, professionelle Risiken, Arbeitszeiten, Druck etc.;
- Ist er mit Ihrem Arbeitsumfeld verbunden? Atmosphäre (Lärm, Temperatur, Helligkeit etc.), Wahrnehmung des Arbeitsplatzes, Größe und Struktur des Unternehmens, Hygiene, Kollegen, Hierarchie etc.

Wenn die Stressquellen erst einmal identifiziert sind, müssen Sie lernen, gelassen mit ihnen umzugehen. Dafür ist es vorteilhaft, organisiert zu sein, um sich so eine Komfortzone zu schaffen. Diese zeichnet sich durch drei Merkmale aus:

- **sicher**: Wählen Sie zunächst bewährte Vorgehensweisen, um Schritt für Schritt wieder Vertrauen in sich zu fassen.
- **gerechtfertigt**: Wenn man Sie darum bittet, ein anderes Verhalten zu zeigen, das Sie jedoch nicht für gut befinden, verstellen Sie sich nicht.

Jede Veränderung muss im Einklang mit Ihren Werten sein, um zu Erfolg zu führen.

- **einfach**: Dort, wo Sie bereits den ersten Schritt getan haben, wird es Ihnen leichter fallen, einen zweiten Schritt zu machen. Der einfachste Weg ist ein Erfolgsgarant!

Jetzt können Sie die Theorie in die Tat umsetzen! Fokussieren Sie sich auf den nächsten Schritt, nicht auf die fertige Arbeit bzw. das Ziel, das erreicht werden soll. Dafür sollten Sie an Tätigkeiten denken! Stützen Sie sich auf greifbare Fakten, anstatt sich nur auf den Arbeitsberg vor Ihnen zu konzentrieren: Planen Sie konkrete, machbare Aufgaben, wie „über die Konkurrenz informieren" oder „eine erste Auswahl der eingegangenen Bewerbungen treffen". Wenn eine Aufgabe erledigt ist, machen Sie mit der nächsten weiter und so fort. So werden Sie in kleinen Schritten vorankommen und den Stress abbauen.

WELCHE ROLLE SPIELT DELEGIEREN BEI DER ARBEITSORGANISATION?

Wenn Sie weniger wichtige oder dringende Aufgaben delegieren, sparen Sie Zeit für Arbeiten, um die Sie sich tatsächlich selbst kümmern sollten. Sie können ebenfalls Aufgaben delegieren, für die einer Ihrer Kollegen besser geeignet ist. Das bedeutet nicht nur für Sie, sondern das gesamte Projekt einen Zeitgewinn.

Effizientes Delegieren ist daher ein Schlüsselelement guter Arbeitsorganisation. Dafür müssen Sie:

- die Aufgabe sowie die dafür benötigten Kompetenzen bewerten , um anschließend die Person auszuwählen, die für die Aufgabe geeignet ist.
- zusammen mit der ausgewählten Person ein klares und präzises Ziel definieren und ihr dann bei der Ausführung freie Hand lassen. Überprüfen Sie den Fortschritt des Projekts regelmäßig.
- mit Hilfe von Reporting, Briefing oder Auswertung vor, während und nach dem Delegieren genügend Informationen zur Verfügung stellen.
- Halten Sie den Fortschritt in einem Bericht fest und zeigen Sie Ihrem Mitarbeiter damit Anerkennung für seine Arbeit. Dies wird sich auch auf seine Motivation auswirken.

Immer wenn in einem Projekt unterschiedliche Kompetenzen benötigt werden, wenn Sie etwas delegieren wollen oder in einen Konflikt geraten, werden Sie kommunizieren müssen. Aus diesem Grund ist es wichtig, dass Sie sich bewusst über Ihre persönliche Kommunikation werden und diese beherrschen, damit sie Sie nicht beim Organisieren ausbremst.

Zu den Schlüsselkompetenzen für eine effiziente Kommunikation gehören daher Offenheit gegenüber anderen, aktives Zuhören, die Fähigkeit paraverbale und nonverbale Sprache zu lesen, die Umformulierung von Informationen und die Kunst des Fragestellens.

Leitsätze zur täglichen Anwendung:

- Ich respektiere und schätze meinen Gegenüber als Mensch.
- Ich behalte eine gewisse emotionale Distanz, um meine Objektivität zu wahren.

- Ich beachte nur Bedürfnisse, die für die Situation relevant sind und lasse andere außen vor. Das bedeutet, dass ich meine guten Absichten verfolge und objektiv bleibe.
- Ich äußere meine Ziele klar, wodurch Vertrauen entsteht.
- Ich gebe Informationen in beide Hierarchierichtungen weiter und trage zu einer offenen Kommunikation bei.

„Anti-Kommunikation"

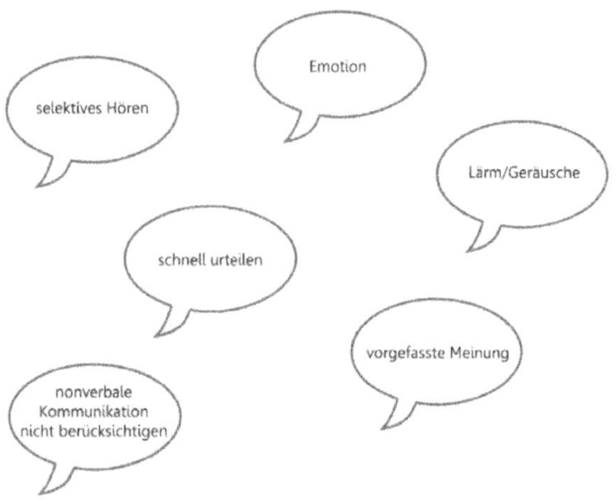

Zeit ist eine wertvolle Ressource im modernen schnelllebigen Alltag. Analysieren Sie, wie Sie Ihre Zeit nutzen, um geeignete Verbesserungsmöglichkeiten zu erarbeiten.

Seien Sie sich Ihrer Stärken und Schwächen bewusst und arbeiten Sie an ihnen. Stellen Sie sich dazu die folgenden Fragen in der vorgegebenen Reihenfolge:

- Fällt es Ihnen schwer, sich die Zeit einzuteilen, die Ihnen für eine Aufgabe gegeben wird?
- Wenn ja, welche Schwierigkeiten haben Sie dabei am häufigsten?
- Warum haben Sie diese Schwierigkeiten?
- Welche Auswirkung hat das auf Ihre Organisation?

Wenn Sie Ihre Schwierigkeiten auflisten und für jede eine Lösung formulieren, erkennen Sie ebenfalls, welche Vorteile Ihnen die Veränderungen bringen werden.

Eine andere Möglichkeit zur Optimierung Ihrer Arbeitszeit besteht in der Organisation Ihres Tagesablaufs entsprechend Ihres Biorhythmus.

Nutzen Sie die Stunden, in denen Sie sich am besten konzentrieren können, für Aufgaben, die Ihren Intellekt am meisten fordern. Wenn Sie wissen, dass Sie bis 13 Uhr mit Ihrer Aufgabe beschäftigt sein werden, können Sie Ihren Konzentrationsverlust schon miteinplanen und um 10 Uhr als Ausgleich eine Frühstückspause machen.

WIE GEHE ICH MIT PRIORITÄTEN UM?

Prioritäten werden von Ihnen selbst und von Ihrem Umfeld festgelegt. Mit ihnen umgehen zu können, bedeutet:

- zwischen wichtigen und dringenden Aufgaben unterscheiden können: Dringende Aufgaben müssen erledigt werden, aber niemals auf Kosten der wichtigen Aufgaben. Daher sollten Sie mindestens eine wichtige Aufgabe pro Tag einplanen.
- Finden Sie ein Gleichgewicht zwischen den Aufgaben, die Ihnen aufgetragen wurden, und denen, deren Erledigung Sie für richtig halten. Versuchen Sie das Projekt im Ganzen zu betrachten und fragen Sie sich, ob es wichtig

in Bezug auf Ihr Ziel oder das Ihres Teams ist. Äußern Sie Ihre Wahrnehmung diesbezüglich gegenüber Ihren Kollegen oder Vorgesetzten – da die Wichtigkeit einer Aufgabe manchmal subjektiv ist – und seien Sie in der Lage Nein zu sagen oder um eine Fristverlängerung zu bitten, falls diese sich sonst negativ auf Ihre Arbeit auswirken würde.

Kurz gesagt, gehen Sie in absteigender Reihenfolge vor: Beginnen Sie mit Aufgaben, die ernste Konsequenzen für Ihre Arbeit oder Kollegen nach sich ziehen würden, wenn sie nicht erledigt werden, nehmen Sie sich dann die Aufgaben vor, die wichtig oder dringend sind, und danach diejenigen, bei denen die Konsequenzen nicht so verheerend sind und so weiter.

JETZT SIND SIE GEFRAGT!

Hier sind einige Aufgaben, mit Hilfe derer Sie Ihre aktuelle Situation erfassen, eigene Lösungen oder Verbesserungen für verschiedene Problemen finden und schließlich eine effiziente und erfolgreiche Organisation entwickeln können.

ZEITMANAGEMENT

Ziel: Identifizieren Sie, was in Ihrem Zeitmanagement Ihre Leistungsfähigkeit verringert

Erstellen Sie eine Tabelle, in der Sie Ihre Schwächen auflisten. Notieren Sie dann für jede die Ursache und einen Lösungsvorschlag. Setzen Sie sich ein erreichbares Ziel und stellen Sie sich selbst eine Deadline.

Zeitmanagement

Schwäche	Ursache	Lösungsvorschlag	Deadline für das in die Tat umsetzen

PRIORISIEREN

Ziel: Analysieren Sie die Aufgaben, die an einem Tag erledigt bzw. nicht erledigt wurden und ihre Prioritäten.

Erstellen Sie eine Tabelle, in der Sie notieren, was Sie pro Stunde fertiggestellt haben und eine zweite Tabelle mit den unerledigten Aufgaben.

Erledigte Aufgaben

Uhrzeit	Erledigte Aufgaben	Priorität
7 Uhr		
8 Uhr		
...		
...		
...		
19 Uhr		

Unerledigte Aufgaben

Uhrzeit	Unerledigte Aufgaben	Priorität
7 Uhr		
8 Uhr		
...		
...		
...		
19 Uhr		

Beantworten Sie auf dieser Grundlage die folgenden zwei Fragen und überdenken Sie evtl. Ihre Prioritätensetzung.

- Welche Konsequenzen hatten die nicht erledigten Aufgaben auf den Verlauf Ihres Tages?
- Wie hätten Sie anders vorgehen können?

HINDERNISSE

Ziel: Tanken Sie Energie, indem Sie Hindernisse eliminieren.

Führen Sie in einer Tabelle mindestens drei Dinge auf, die Ihre Arbeitsorganisation täglich behindern und unnötige Energie verschwenden. Nehmen Sie sich anschließend Zeit, um herauszufinden, wie Sie den negativen Effekt dieser Ablenkungen verringern können.

Hindernisse

Hinderniss			
Konsequenz			
Verbesserungsvorschlag			
Erwarteter Vorteil			
Geplantes Datum			
Tatsächliches Datum			

Ziel: Konzentrieren Sie Ihre Energie auf die Bereiche, auf die Sie Einfluss haben, indem Sie die verschiedenen Stressfaktoren bewerten/ einordnen.

Schreiben Sie alle Stressfaktoren auf, denen Sie während eines Arbeitstags begegnen: die positiven (ein neues Projekt, zusätzlich zur normalen Arbeit einen Praktikanten einarbeiten etc.) und die negativen (Druck, Konflikte etc.).

Ordnen Sie die Faktoren in einen der drei folgenden Kreise ein:

Zonen

Schauen Sie sich zum Schluss die negativen Stressfaktoren an, die sich innerhalb des Bereichs befinden, auf den Sie Einfluss haben: Was können Sie von nun an anders machen, um Stress zu reduzieren und Ihre Energie besser zu nutzen?

Ihre Meinung ist uns wichtig!
Hinterlassen Sie doch einen Kommentar auf der
Seite unserer Online-Buchhandlung
und teilen Sie Ihre Favoriten in den sozialen
Netzwerken!

DARÜBER HINAUS

LITERATURVERZEICHNIS

- Salome, Jacques: *À qui ferais-je de la peine si j'étais moi-même?* Les Éditions de l'Homme: Montreal, 2008.

WEITERFÜHRENDE LITERATUR

- Hockling, Sabine: „Chefs müssen Abgeben lernen" (07.09.2012). In: *Zeit Online.*
  https://www.zeit.de/karriere/beruf/2012-09/
  chefsache-delegieren (15.01.2019).

- Hummel, Kathrin: „Nein!" (26.30.2016). In: *Frankfurter Allgemeine.*
  https://www.faz.net/aktuell/gesellschaft/
  menschen/nein-sagen-haengt-mit-dem-selbstbe-
  wusstsein-zusammen-14135252.html (15.01.2019).

- Neill, Conor: „Sind Sie beschäftigt oder produktiv?" (05.07.2017). In: *WirtschaftsWoche.*
  https://www.wiwo.de/erfolg/arbeitsorgani-
  sation-sind-sie-beschaeftigt-oder-produk-
  tiv-/20017010.html (15.01.2019).

SCHMÖKERN SIE SICH SCHLAU!

www.50Minuten.de

www.ingramcontent.com/pod-product-compliance
Lightning Source LLC
LaVergne TN
LVHW051148140726
843272LV00043B/1408